Inhalt

Nach der Krise ist vor der Krise - Wachstumsstrategien der Unternehmen

Kernthesen

Beitrag

Fallbeispiele

Weiterführende Literatur

Impressum

Nach der Krise ist vor der Krise - Wachstumsstrategien der Unternehmen

Michaela Dengl

Kernthesen

- Die führenden Wirtschaftsinstitute sind sich einig und prognostizieren ein solides Wirtschaftswachstum in Höhe von drei bis vier Prozent und Wachstum steht auch für die meisten Unternehmen in diesem Jahr ganz oben auf der Liste der Ziele.
- Rund dreißig Prozent der Unternehmen haben allerdings noch keine Strategie für ein nachhaltiges Wachstum.
- Wachstumsphasen aktiv zu nutzen, um sich für die nächste Krise zu wappnen, erweist

sich oft als Schlüssel zum langfristigen Erfolg.

Beitrag

Planloses Wachstum?

Die führenden Wirtschaftsinstitute prognostizieren für das Jahr 2011 ein Wirtschaftswachstum von drei bis vier Prozent und Wachstum steht auch für die meisten Unternehmen in diesem Jahr ganz oben auf der Liste der Ziele. Viele sehen dabei aber nur die kurzfristigen Profitmöglichkeiten und entwickeln keine langfristige Wachstumsstrategie. Dies betrifft laut einer Umfrage der Unternehmensberatung KPMG immerhin rund dreißig Prozent der Unternehmen. Gründe hierfür sind unter anderem fehlende Messgrößen und Informationssysteme zur Analyse von Nachhaltigkeitsprogrammen, nicht selten fehlen auch einfach die finanziellen Mittel. Wachstumsphasen aktiv für Expansion zu nutzen, um so die Unternehmen nachhaltig für die nächste Krise zu wappnen, erweist sich allerdings oft als Schlüssel zum langfristigen Erfolg. (1), (2)

Wachstumsstrategien im Unternehmen

Für viele Unternehmen lautet die vermeintlich einfache Parole: mehr Umsatz durch neue Märkte, Produkte oder Dienstleistungen. Dabei gilt es vorab zu entscheiden, ob man auf Akquisition oder möglicherweise auf eine Partnerschaft setzt oder ob man doch aus eigener Kraft wachsen will. Die Verfügbarkeit der relevanten Ressourcen muss in jedem Fall geklärt sein. Bei externen Lösungen muss man sich zudem über den tatsächlichen Wert der eingegangenen oder einzugehenden Verträge im Klaren sein und die Frage der Enge der Kooperationen entscheiden. Wenn das Unternehmen diese Fragen schon mal vorab für sich beantwortet, dann stehen die Chancen für ein langfristiges Unternehmenswachstum deutlich besser. (10)

Wenn die Heimmärkte stagnieren, kann die Erkundung neuer Märkte eine erfolgreiche Wachstumsstrategie begründen. Aufgrund der wachsenden Bedeutung werden diese derzeit hauptsächlich in den Schwellenländern gesehen, insbesondere in den BRIC-Staaten Brasilien, Russland, Indien und China. (3)

Viele Unternehmen setzen auf innovatives

Wachstum. Im Zuge der Umsetzung werden allerdings viele Ideen wieder verworfen. Die Gründe sind vielschichtig. Fehlende Strategien, unzureichende Finanzierung oder technische Ressourcen, nicht selten auch eine innovationskritische Unternehmenskultur sowie Quantität und Qualität der Mitarbeiter behindern innovatives Wachstum. Abhilfe schaffen könnte hier eine systematische Analyse der Innovationsfähigkeit des Unternehmens beispielsweise mit Hilfe von Innovationsaudits. - Ein Innovationsaudit basiert auf vier wesentlichen Faktoren: Strategie, Portfolioentwicklung, Innovationsbudget und Mitarbeiter. Es wird unter anderem ausgelotet, welche Märkte relevant sind und welche Kunden wie angesprochen werden. Die Innovationsstrategie wird entwickelt, Ziele definiert und die Umsetzung geplant. - (4), (10)

Erfolgreicher durch mehrere Wachstumsstrategien

Eine auf zehn Jahre angelegte, weltweite Studie mit 162 Unternehmen der Telekommunikationsbranche kam zum Ergebnis, dass nur ein Drittel der befragten Unternehmen gleichzeitig mehrere Wachstumsstrategien nutzt. Die meisten Unternehmen konzentrieren sich ausschließlich auf eine Methode. Die Studie belegte allerdings auch, dass Unternehmen, die zeitgleich mehrere Wachstumsstrategien nutzen, längerfristig erfolgreicher sind. (10)

Wachstum will gemanagt sein

Grundsätzlich ist Wachstum für Unternehmen natürlich positiv, es will aber auch gemanagt sein. Nicht immer passt die vorhandene Unternehmensstruktur zum gewachsenen Unternehmen. Die Organisation muss gegebenenfalls angepasst werden. Neue Organigramme können entstehen, Abteilungen werden geschaffen oder umstrukturiert und Mitarbeiter versetzt. Manchmal ist eine zentrale Struktur nötig, damit gewachsene Unternehmen optimal funktionieren, bei anderen führt eine Dezentralisierung zum Erfolg. Jedes Unternehmen ist einmalig und muss seine eigene Organisationsmatrix entwickeln, die dem Wachstum angepasst ist. Wichtig für nachhaltiges Wachstum ist in jedem Fall immer eine ganzheitliche Betrachtung. (5) , (10)

Trends

Innovatives Wirtschaftswachstum durch CO2-Verringerung

Wie eine aktuelle Studie des Potsdam-Instituts für Klimafolgenforschung (PIK) zeigt, kann durch die Reduzierung der Kohlendioxid-Emissionen durchaus ein allgemeines Wirtschaftswachstum entstehen. Bisher gingen internationale Studien davon aus, dass Klimaschutz in erster Linie Kosten verursacht. Inzwischen sieht man durchaus eine Chance darin, wenn die Unternehmen dadurch vermehrt in innovative, nachhaltige Technologien investieren. Steigen bei den Unternehmen Investionen in den Klimaschutz, sinkt wiederum die Arbeitslosenquote und sämtliche großen Wirtschaftssektoren, insbesondere das Baugewerbe, würden letztlich von der CO2-Reduktion profitieren. Voraussetzung für dieses CO2-bedingte Wirtschaftswachstum ist allerdings, dass die EU-Mitglieder Ihren CO2-Ausstoß bis zum Jahr 2020 um 30 Prozent verringern und nicht wie bisher geplant nur um 20 Prozent. (6), (11)

Fallbeispiele

Neue Wachstumsstrategie bei Renault

Der Automobilhersteller Renault möchte sowohl seine Wettbewerbsfähigkeit, als auch sein Wachstum langfristig bewahren und will daher die Produktion genauer auf die unterschiedlichen Märkte abstimmen. Das bedeutet, dass sich Renault zukünftig auf die Herstellung von Mittel- und Oberklassewagen und die Produktion von leichten Nutzfahrzeugen in Westeuropa fokussieren will. Außerdem setzt man auch auf innovatives Wachstum und will die Entwicklung und die Produktion von Elektromobilen weiterentwickelt. Um Wachstum in den aufstrebenden Märkten Osteuropa, Lateinamerika und Asien zu erreichen, möchte das Unternehmen die Produktionskapazitäten in den genannten Ländern erweitern. (7)

Axel Springer baut Paid-Content-Strategie aus

Für das erste Halbjar 2011 konnte die Axel Springer AG positive Wachstumszahlen veröffentlichen. Die größten Wachstumstreiber waren die Sparten digitale Medien und Print International. Der erst in den letzten Jahren entstandene digitale Medien Bereich verzeichnet ein Plus von 30,3 Prozent. Die dortigen Werbeerlöse stiegen sogar um rund 43 Prozent. Der Konzern meldete daraufhin, dass die innovative Paid-Content-Strategie noch ausgeweitet werden soll. (8)

Automobilkonzerne setzen auf unterschiedliche Wachstumsstrategien

Die deutschen Automobilhersteller profitieren alle vom Wirtschaftswachstum und freuen sich über die deutlich gestiegene Nachfrage. Sie setzen auf unterschiedliche Wachstumsstrategien. BMW will mit der Entwicklung von Karbonfahrzeugen innovativ und nachhaltig wachsen. Daimler hingegen hat mit Renault/Nissan eine Kooperation im Bereich Kleinwagen geschlossen und erhofft sich dadurch eine Wachstum in diesem Segment. Volkswagen möchte mit der Up-Familie über neue leistbare, stadttaugliche Modelle weitere Marktanteile gewinnen. (9)

Siemens investiert in Schwellenländer

Der Siemens Konzern setzt bei seinem Wachstum stark auf die Schwellenländer und hier vor allem auf die BRIC-Staaten China, Indien, Russland und Brasilien. Aber auch auf die Länder Indonesien, Thailand, Vietnam, Chile, Mexiko, Kolumbien, Südafrika, der Türkei und Polen und der Mittlere Osten sollen nicht vernachlässigt werden. Siemens möchte in den Schwellenländern in den nächsten fünf Jahren doppelt so stark wachsen, wie der jeweilige expandierende Markt. (12)

Weiterführende Literatur

(1) "Wachstum wie zuletzt 1991"
aus Stuttgarter Zeitung, 28.06.2011, S. 8

(2) KPMG: Bedarf an Strategien für nachhaltiges Wachstum
aus DVZ, Nr. 47 vom 19.04.2011

(3) Wachstum und Emotionen
aus DVZ, Nr. BSPE vom 05.07.2011

(4) Unternehmerisches Wachstum - aber wie?
aus CHEManager 5/2011

(5) Wer wachsen will, muss leiden Wachstum WACHSTUMSSERIE (TEIL 2) Das Unternehmen wächst - bis es wehtut. Chaos, Kleinkriege und genervte Kunden: Wachstumsschmerzen sind die

Kehrseite des Erfolgs. Doch sie lassen sich behandeln
aus impulse vom 28.07.2011, Seite 52-56

(6) Studie: Durch Klimaschutz mehr Wachstum
aus Potsdamer Neuste Nachrichten Nr. 45 VOM 23.02.2011 SEITE 023

(7) Renault stellt sich mit frischer Strategie neu auf Wachstum und Wettbewerbsfähigkeit steigern, das ist das Ziel eines neuen Strategieplans beim Autobauer Renault.
aus MOTOR-INFORMATIONS-DIENST vom 03.Februar 2011

(8) Axel Springer: Auslands- und Digitalgeschäft kurbelt Wachstum an
aus horizont.net vom 03.08.2011

(9) Alle streben sie nach Wachstum
aus "Tiroler Tageszeitung" vom 17.07.2011 Seite 118

(10) Der richtige Weg zu mehr Wachstum
aus "Tiroler Tageszeitung" vom 17.07.2011 Seite 118

(11) Reduktion von CO_2 kurbelt das Wirtschaftswachstum an
aus Tagesanzeiger vom 02.03.2011 Seite 36

(12) Siemens richtet Wachstumsstrategie auf Schwellenländer aus
aus Lausitzer Rundschau vom 29.06.2011 Seite 10

Impressum

Nach der Krise ist vor der Krise - Wachstumsstrategien der Unternehmen

Bibliografische Information der deutschen Nationalbibliothek

Die Deutsche Nationalbibliothek verzeichnet diese Publikation in der deutschen Nationalbibliografie; detaillierte bibliografische Daten sind im Internet über http://dnb.d-nb.de abrufbar.

ISBN: 978-3-7379-1278-5

© 2015 GBI-Genios Deutsche Wirtschaftsdatenbank GmbH, Freischützstraße 96, 81927 München, www.genios.de

Alle Rechte vorbehalten. Dieses Werk ist einschließlich aller seiner Teile – z.B. Texte, Tabellen und Grafiken - urheberrechtlich geschützt. Jede Verwertung außerhalb der Grenzen des Urheberrechtsgesetzes bedarf der vorherigen Zustimmung des Verlags. Dies gilt insbesondere auch für auszugsweise Nachdrucke, fotomechanische

Vervielfältigungen (Fotokopie/Mikroskopie), Übersetzungen, Auswertungen durch Datenbanken oder ähnliche Einrichtungen und die Einspeicherung und Verarbeitung in elektronischen Systemen.